SUCCESSION DE MLLE RACHEL

CATALOGUE

DES LIVRES

COMPOSANT LA

Bibliothèque Littéraire et Dramatique

DE

MLLE RACHEL,

DONT LA VENTE AUX ENCHÈRES PUBLIQUES

AURA LIEU A PARIS,

PLACE ROYALE, N° 9,

Les Lundi 26 et Mardi 27 Avril 1858

A UNE HEURE PRÉCISE DE RELEVÉE,

Par le ministère de Me **HAYAUX DU TILLY**, Commissaire-Priseur,

demeurant à Paris, rue du Bac, 26, et rue de l'Université, 46,

près des Tuileries.

Assisté de M. Auguste **AUBRY**, Libraire.

EXPOSITION PUBLIQUE SPÉCIALE

Le Dimanche 25 Avril 1858, de midi à cinq heures

LE CATALOGUE SE TROUVE, A PARIS, CHEZ :

Me **HAYAUX DU TILLY**, Commissaire-Priseur, rue du Bac.
M. Auguste **AUBRY**, Libraire, rue Dauphine, 16.
M^e **LE MONNYER**, Notaire, rue de Grammont, 16.
Me **DELAPORTE**, Notaire, rue de la Chaussée-d'Antin, 68.

ORDRE DE LA VENTE

Le Lundi 26 Avril 1858

262 à 272

8 à 90

187 à 249

Le Mardi 27 Avril 1858

91 à 186

250 à 261

373 à 388

1 à 7

CONDITIONS DE LA VENTE :

La vente aura lieu au comptant.

Les acquéreurs payeront cinq pour cent en sus du prix d'adjudication.

Nota. Le Libraire, chargé de la vente, *remplira les commissions des personnes qui ne pourraient y assister*. Indiquer le maximum de chaque commission.

LIVRES.

THÉOLOGIE.

619 — 1 Biblia Sacra polyglotta, textus archetypos versio-
nesque præcipuas ab ecclesia antiquitus receptas
necnon versiones recentiores Anglicanam, Germa-
nicam, Italicam, Gallicam et Hispanicam, com-
plectentia. Accedunt prolegomena in textuum
archetyporum, versionumque antiquarum crisin
literalem, auctore Samuele Lee, S. T. B. *Londini,
Baystcr*, 1831, in-fol., velours noir.

> Superbe exemplaire avec fermoirs et garnitures en argent
> repoussé. — Très-beau frontispice peint à l'aquarelle par
> Rousset, représentant le Paradis perdu et les quatre Évan-
> gélistes.

620 — 2 La Sainte Bible, en latin et en françois, suivie d'un
Dictionnaire étymologique, géographique et ar-
chéologique. *A Paris, chez Lefèvre*, 1828, 13 vol.
in-8, pap. vél., mar. viol. dent., tr. dor., fig.
d'Achille Devéria. (*Chiffre.*)

621 — 3 Les Femmes de la Bible, collection de portraits des
femmes remarquables de l'Ancien et du Nouveau
Testament, avec textes explicatifs. *Paris,* 1846, gr.
in-8, fig. grav. d'ap. Staal, mar. noir, tr. d.

622 — 4 L'Imitation de Jésus-Christ, traduite en vers par
M. de Sapinaud de Boishuguet. *Paris,* 1844, in-12,
cart. en percal.

> Envoi aut. sig. (7 lig.) signé Fourés, 15 juillet 1855.

623 — 5 L'Imitation de Jésus-Christ, traduite et paraphrasée
en vers françois par P. Corneille. *A Paris, R. Bal-
lard,* 1665, in-16, bas., fig.

> Édition rare.

120 „   623 bis — 5 bis. **Heures à l'usage de Paris.** *Ces pré-*
sentes Heures furent achevées à Paris le XXIe jour
de juing, l'an mil cinq cens et dix, pour Anthoine
Verard, demourant devant Nostre-Dame de Paris.

> Très-bel exemplaire imprimé sur vélin, figures et encadre-
> ments gravés en bois; rel. en velours rouge.

5,   624 — 6 Le Koran, trad. nouv. faite sur texte arabe, par Kasi-
miriski. *Paris, Charpentier,* 1855, in-18, br.

36   625 — 7 Lettres écrites à un provincial par Blaise Pascal, préc.
d'un Essai sur ces lettres et sur le style de l'auteur.
— Les Pensées de Blaise Pascal, suivies d'une nouvelle table analytique. *Paris, A. André,* 1839,
2 vol. in-8, pap. vél., port., mar. n. fil., n. rog.
(*Chiffre sur les plats.*)

BELLES-LETTRES.

§ I

COMMENTATEURS ET CRITIQUES.

9 c.   626 — 8 Lycée, ou Cours de littérature ancienne et moderne,
par J.-F. La Harpe, précédé d'une Notice sur sa
vie et ses ouvrages par Saint-Surin. *Paris, Didier,*
1827, 16 vol. in-8. (*Chiffre.*)

11.   627 — 9 Leçons françaises de littérature et de morale, etc.,
par Noël et de La Place. *Paris,* 1851, 2 vol. in-8,
d.-rel., v. fauve.

50   628 — 10 OEuvres de M. Villemain. *Paris, Didier,* 1846, 10 vol.
in-8, d.-rel., mar. vert.

> Littérature au moyen âge. — Littérature au XVIIIe siècle.
> — Éloquence chrétienne. — Discours et Mélanges littéraires.
> — Études d'histoire moderne.

629 — 11 Villemain. Tableau de la littérature au moyen âge, 2 vol. — Tableau de la littérature au xviiie siècle, 4 vol. *Paris, Didier*, 1840. Ens. 6 vol. in-8, d.-rel., mar. noir. (*Andrieux.*) *Chiffre sur les plats.*

630 — 12 Histoire de la langue et de la littérature des Slaves, Russes, Serbes, Bohêmes, Polonais et Lettons, par Eichoff. *Paris, Cherbuliez*, 1839, gr. in-8, d.-rel., mar. r.

§ II.

POETES GRECS ET LATINS.

631 — 13 Homère, Iliade et Odyssée, traduit en français par Dugas Montbel. *Paris*, 1834, 2 vol. in-8, mar. viol. fil., fleurons, tr. dor. (*Chiffre.*)

632 — 14 Collection des auteurs latins, avec la traduction en français, publiée sous la direction de M. Nisard. *Paris, Dubochet*, 1848, 27 vol. gr. in-8, format Panthéon, d. rel., mar. bleu.

633 — 15 OEuvres complètes de Virgile, trad. nouvelle par MM. Charpentier, Amar, Parisot et Fée. *Paris, Panckoucke*, 1833. 4 vol. in-8, mar. bl. fil., fl u-rons, tr. d. (*Chiffre.*)

634 — 16 Quintus Horatius Flaccus. *Londini, G. Pickering*, 1824, pet. in-64, cart.

> Sur la garde, trad. en vers de l'ode ix par Adolphe Halzfeld, autog. sig.

635 — 17 Les Métamorphoses d'Ovide, traduction nouvelle avec le texte latin, par G.-T. Villenave. *Paris*, 1806. 4 vol. in-4, mar. vert fil. dent., tr. dor. (*Andrieux*), fig. d'ap. Lebarbier, Monsiau et Moreau. (*Chiffre R. sur les plats.*)

636 — 18 Études antiques, par F. Ponsard. — Homère. — Ulysse. *Paris, Michel Lévy*, 1852, in-18, v. fauve. (*Niédrée.*)

637 — 19 La Fille d'Eschyle, étude antique en cinq actes et en vers, par J. Autran. *Paris*, 1848, in-18, pap. vél.

> Envoi autog. de l'aut. sig. à Mlle Rachel.

638 — 20 Menandre, étude historique et littéraire sur la comédie et la société grecques, par G. Guizot. *Paris,
Didier*, 1855, in-8, d.-rel., mar. r., *Portrait.*

§ III.

POETES MODERNES FRANÇAIS ET ÉTRANGERS.

639 — 21 OEuvres de Boileau Despréaux. *Paris, Didot l'aîné,*
1815, 3 vol. in-8, mar. viol. fil., tr. dor., *papier
vélin. (Chiffre)*

640 — 22 Fables de La Fontaine. *Paris, imp. de P. Didot*, 1813,
2 vol. in-8, mar. v., tr. dor. (*Chiffre.*)

641 — 23 OEuvres de La Fontaine, nouvelle édition, revue, mise
en ordre et accompagnée de notes, par C.-A. Wal-
kenaër. *Paris, Lefèvre,* 1827, 6 vol. in-8, pap.
vél., mar. noir fil., n. rog. (*Chiffre sur les plats.*)

641 bis — 23 bis Fables de La Fontaine. *Paris, Nepveu*, 1820,
2 voi. in-12, mar. viol. fil., tr. dor., fig.

642 — 24 Fables de La Fontaine, éd. illustrée. *Paris, Didier,*
1842, 2 vol. in-18, v. viol., tr. dor.

643 — 25 La Henriade, poëme par Voltaire. *Paris, Roux-
Dufort,* 1824, mar. v. tr. dor. (*de la collection des
classiques en miniature*).

644 — 26 Poésies d'André Chénier, précédées d'une notice par
de La Touche. *Paris, Charpentier,* 1841, in-18,
d.-rel., mar. r.

645 — 27 Poésies de Millevoye, avec une notice par de Ponger-
ville. *Paris,* 1843, in-18, d.-rel., mar. rose.

646 — 28 lambes et Poëmes, par Auguste Barbier. *Paris, Mas-
gana,* 1845, in-18, mar. r. fil., tr. dor., doubl.
de tapis.

647 — 29 OEuvres complètes de P.-J. de Béranger, cont. les
dix chansons nouvelles. *Paris, Perrotin,* 1850,
2 vol. in-18 et album de 84 vignettes sur bois, par
Grandville, gr. in-8, d.-rel., mar. r.

648 — 30 Nouvelle Némésis, satires par Barthélemy. *Paris,*
1845, gr. in-8, rel. en percal. gauff.
Envoi d'aut. autog. sig. à Mlle Rachel.

649 — 31 Némésis , satire hebdomadaire , par Barthélemy *19*
(7ᵉ éd.). *Paris, Perrotin,* 1845. gr. in-8, d.-rel.,
mar. r., tr. dor., fig. d'ap. Raffet.

650 — 32 OEuvres de Pierre Lebrun, de l'Académie française. *25*
Paris, Perrotin, 1844, 2 vol. gr. in-8, pap. vél.,
mar. n. fil. *(Chiffre sur les plats.)*

651 — 33 OEuvres d'Alp. de Lamartine. *Paris , J. Boquet,* *19*
1826, 2 vol. in-8, mar. vert dent., tr. dor.
(Chiffre.)

652 — 34 Poésies complètes d'Émile Augier. *Paris, M. Lévy,* *31*
1852, in-18, d.-rel.
Envoi d'auteur autog. sig. à Mademoiselle Rachel.

36.

653 — 35 Épîtres, Contes et Pastorales, par Charles Reynaud.
Paris, 1853, in-18, pap vél., mar. r., tr. dor.
Envoi aut. sig. de l'aut. à Mademoiselle Rachel.

654 — 36 OEuvres poétiques d'Édouard Smits. *Bruxelles,* 1847, *3 . 50*
2 vol. in-8 br., portr.

655 — 37 Rêveries poétiques et religieuses, chants natio- *3.*
naux, etc., par Th. Tuffier. *Florac,* 1855, in-8 br.,
portr.

656 — 38 Zodiaque, satires à Rachel, par Barthélemy. *Paris,* *130*
1846.
Sur la garde, 4 vers autog. sig. de l'auteur à Mademoiselle Rachel

657 — 39 Le Génie des Arts à Rachel, ode, paroles de M. le *20 ,*
vicomte d'Arlincourt, musique de Muratori. In-4,
mar. v.

658 — 40 Fables anti-révolutionnaires, par Isoard de Granet. *51*
Florence, 1851, in-8 cart.
Envoi aut. sig. à Mademoiselle Rachel.

659 — 41 La Forêt de Fontainebleau, poëme en quatre chants, *10 . 50*
par Al. Durand. *Fontainebleau,* 1836, in-8, d-rel.
Envoi aut. de l'auteur à Mademoiselle Rachel.

660 — 42 La Bouillotte, poëme en cinq parties, par Barthé- *21 ,*
lemy. *Paris,* 1849, gr. in-8, pap. vél., mar. bl.,
tr. dor., rel. allégorique.

18.   661 — 43 Les Napoléonniennes et les Tourangelles, poésies, par R. d'Ornano. *Paris*, 1842, in-18, mar. r., tr. dor.

Envoi aut. sig. en vers.

8.   662 — 44 Le Rime del Petrarca *Londra, G. Pickering*, 1822, pet. in-64 rel.

44.   663 — 45 Le Paradis, le Purgatoire et l'Enfer de Dante Alighieri, trad. en français par le chevalier A.-F. Artaud (texte en regard). *Paris, F. Didot*, 1830, 9 vol. in-16, mar. r. fil., tr. dor.

25.   664 — 46 Les Lusiades, ou les Portugais, poëme de Camoëns, en dix chants, trad. par Millié. *Paris, F. Didot*, 1825, 2 vol. in-8, mar. bleu dent., tr. dor. (*Chiffre.*)

99.   665 — 47 OEuvres de lord Byron, trad. par Amédée Pichot. *Paris, Furne*, 1836, 6 vol. in-8, mar. n., fig. (*Chiffre sur les plats.*)

24.   666 — 48 Les Poëtes russes, traduits en vers français par le prince Elim Mestscherski. *Paris, Amyot*, 1846, 2 vol. in-8, d.-rel., mar. r.

16.   667 — 49 Kryloff, ou le La Fontaine russe, sa vie et ses fables, par Alfred Rougeault. *Paris*, 1852, in-18, d.-rel., mar, r.

---

20.   668 — 50 Dialogues des Morts, composés pour l'éducation d'un prince, par Fenélon. *Paris, P. Didot*, in-8, mar. noir fil., gauf. *papier vélin*. (*Chiffre sur les plats.*)

80.   669 — 51 Essais de Michel de Montaigne, avec les notes de tous les commentateurs, éd. publ. par J.-V. Leclerc. *Paris, Lefèvre*, 1826, 5 vol. in-8, pap. vél., mar. noir fil., n. rog., *portrait*. (*Chiffre sur les plats.*)

35.   670 — 52 Les Caractères de La Bruyère, suivis des Caractères de Théophraste, trad. du grec par le même. *Paris*, 1829, 2 vol. in-8, mar. r. fil., tr. dor., *portrait*. (*Chiffre.*)

§ IV.

ROMANS. — CONTES. — NOUVELLES, ETC.

671 — 53 Contes de Marguerite de Valois, reine de Navarre. *Paris, Delongchamps*, 1833, 3 vol in-8, d.-rel., mar. viol.

672 — 54 OEuvres de Rabelais, édition variorum, augmentée de pièces inédites, des songes drolatiques de Pantagruel. *Paris, Dalibon*, 1823, 9 vol. in-8, d.-rel., mar. n., fig.

673 — 55 OEuvres de Rabelais, publ. par P.-L. Jacob et L. Barré. *Paris*, 1854, gr. in-8 illustré par Gustave Doré.

674 — 56 Le Roman comique, par Scarron, nouv. éd. précédée d'une notice par P. Christian. *Paris*, 1846 in-18, d.-rel. mar.

675 — 57 Aventures de Télémaque, par Fenélon, précédées d'une notice biogr. et litt. sur Fenélon, par M. Villemain. *Paris, Emler*, 1829, 2 vol. in-8, mar. v. dent. (*Chiffre.*)

676 — 58 Les Aventures de Télémaque, suivies des Aventures d'Aristonoüs, précédées d'une notiee sur la vie et les ouvrages de Fenélon, par J. Janin. *Paris, Bourdin*, gr. in-8, mar. n. fil., gauf., *figures sur chine.* (*Chiffre sur les plats.*)

677 — 59 Le Diable Boiteux, par Lesage, illustré par Tony Johannot, précédé d'une notice sur Lesage, par M. J. Janin. *Paris, E. Bourdin*, 1840, gr. in-8, mar. noir. (*Chiffre R. sur les plats.*)

678 — 60 Paul et Virginie, suivis de la Chaumière indienne, par Bernardin de Saint-Pierre. *Paris*, 1833, in-8, mar. viol. fil., tr. dor., *figures et portrait.*

678 bis 61 OEuvres Complètes de Mad. Cottin, avec une notice sur sa vie et ses écrits. *Paris*, 1820, 5 vol. in-8, d.-rel., mar. vert, *portrait et figures.*

679 — 62 OEuvres complètes de Mad. Riccoboni, nouv. éd., avec une nôtice sur la vie et les ouvrages de l'auteur, et ornée de six gravures. *Paris*, 1818, 6 vol. in-8, d.-rel., mar. r.

13.

680 — 63 OEuvres de Xavier de Maistre. *Paris*, 1828, 2 vol. in-8, d.-rel., mar. vert.

> Voyage autour de ma chambre. — Expédition nocturne autour de ma chambre. — Le Lépreux de la cité d'Aoste. — La Jeune Sibérienne.

49.

681 — 64 Corinne, ou l'Italie, par Mad. la baronne de Staël. *Paris, Treuttel et Würtz*, 1829, 2 vol. in-8, mar. bl. dent., tr. dor. (*Chiffre.*)

25.

682 — 65 OEuvres de Frédéric Soulié. *Paris*, 1844, 12 tom. en 6 vol. in-8, d.-rel., mar. bleu.

> Le Conseiller d'État. — Les Deux Cadavres. — Les Mémoires du Diable.

36.

683 — 66 OEuvres d'Eugène Sue. *Paris*, 1840-1845, 22 tom. en 12 vol. in-8, d.-rel., mar. r.

> Deux Histoires. — Latréaumont. — Le Commandeur de Malte. — Le Marquis de Létorière. — Le Morne au Diable. — Thérèse Dunoyer. — Arthur. — Mathilde.

8.

684 — 67 Le Diable médecin, par Eugène Sue. *Paris*, 1855, 7 vol. in-8 br.

100.

685 — 68 OEuvres d'Alexandre Dumas. *Paris*, 1836-48, 89 tom. en 47 vol. in-8, d.-rel., mar. vert.

> Souvenirs d'Antony. — Georges. — Cecille. — Pauline. — Fernande. — Ascanio. — Isabel de Bavière. — Le Maître d'armes. — La Reine Margot. — La Dame de Monsoreau. — Les Quarante-Cinq. — Les Trois Mousquetaires. — Vingt ans après. — Le Vicomte de Bragelonne.

51

686 — 69 OEuvres de Charles Nodier. *Paris*, 1832-1837, 12 tom. en 11 vol. in-8, d.-rel., mar. vert.

> Romans, Contes et Nouvelles. — Études historiques. — Souvenirs et Portraits. — Souvenirs de jeunesse. — Contes. — Dernier Chapitre de mon roman.

33.

687 — 70 OEuvres de Georges Sand. *Paris*, 1833-1844, 22 tom. en 11 vol. in-8, d.-rel., mar. vert.

> Lélia. — Leone Leoni et' Simon. — Secrétaire intime. — La Marquise. — Jacques. — Mauprat. — Valentine. — Indiana. — Consuelo.

688 — 71 OEuvres de Jules Sandeau. *Paris*, 1839-1849, 13 tom. *34.*
en 7 vol. in-8, d.-rel., mar. bleu.

> Marianna. — Le Docteur Herbeau. — Vaillance et Richard.
> — Mademoiselle de Kerouare. — Mademoiselle de la Sei-
> glière. — Un Héritage. — La Chasse au Roman.

689 — 72 OEuvres de Prosper Mérimée. *Paris*, 1828-1846, *46,*
7 vol. in-8, d.-rel., mar. gren.

> Théâtre de Clara Gazul. — Scènes féodales. — Chronique
> de Charles IX. — La Double Méprise. — Mosaïque. — Co-
> lomba. — Carmen.

690 — 73 OEuvres de Mad. Charles Reybaud. *Paris*, 1836-50, *26.*
10 vol. in-8, d.-rel., mar. bl.

691 — 74 Victor Hugo. Notre-Dame de Paris, édit. illustrée *28.*
d'après les dessins de Tony Johannot, etc. *Faris,
Perrotin, 1844*, gr. in-8, mar. bleu fil., tr. lor.,
figures.

692 — 75 Eugénie Grandet, par de Balzac. *Paris, Charpentier,* *3*
1841, in-18, d.-rel., mar. r.

694 — 76 La Confession d'un enfant du siècle, par Alfred de *19.*
Musset. *Paris, Charpentier*, 1845, in-8, mar. noir.
(*Chiffre sur les plats.*)

695 — 77 Jocelyn, par A. de Lamartine. *Paris*, 1841, gr. in-8, *31.*
mar. n., fil., gauf., tr. dor., *figures.*

696 — 78 Les Deux Héritages, suivis de l'Inspecteur général et *10.*
des débuts d'un aventurier, par Prosper Mérimée.
Paris, 1853, in-18, d.-rel., mar. r.

697 — 79 Emile. Fragments, par Emile de Girardin. *Paris, Des-* *8*
rez (1827-1839), in-8, maroq. corinthe, dent.,
tr. dor.

698 — 80 Le Fou du Palais-Royal, par F. Cantagrel. *Paris*, *4.*
1845, in-18, mar. v.

699 — 81 Romans de Mme de Cubières. *Paris*, 1837, 4 vol. *10*
d.-rel. mar. grenat.

700 — 82 La Duchesse de Bragance, par Mme Bonnejoy-Péri- *20,*
gnon. *Paris, Magen*, 1840, 2 vol. in-8, mar. noir.
(*Chiffre sur les plats.*)

> Envoi d'auteur autogr. signé.

701 — 83 Souvenirs de la vie militaire en Afrique, par le comte P. de Castellane. *Paris, V. Lecou,* 1852, in-18, v. fauve. (*Bel exemplaire.*)

702 — 84 Contes de Boccace (le Décaméron), traduits de l'italien par A. Barbier. *Paris,* 1846, gr. in-8, d.-rel. mar. viol., *figures.* (Chiffre.)

703 — 85 La Jérusalem délivrée, traduction nouvelle et en prose par Philippon de la Madelaine, augmentée d'une description de Jérusalem, par A. de Lamartine. *Paris,* 1841, gr. in-8, mar. n., fil. gauf., *figures.* (*Chiffre sur les plats.*)

704 — 86 La Jérusalem délivrée, traduite en vers français par P.-L. Baour Lormian. *Paris, Delaunay,* 1819, 3 vol. in-8, mar. vert, dent., figures. (Chiffre.)

705 — 87 Roland Furieux, traduit de l'Arioste par le comte de Tressan. *Paris, Nepveu,* 1822, 3 vol. in-8, mar. v., dent., tr. dor., figures. (*Chiffre.*)

706 — 88 Arioste. Roland Furieux, traduction nouvelle en prose par Philippon de la Madelaine. *Paris,* 1844, gr. in 8, d -rel., mar. viol., tr. dor., *grand nombre de figures par Tony Johannot, Baron, Nanteuil,* etc.

707 — 89 OEuvres de Walter Scott, traduites par Defauconpret. *Paris, Furne,* 1836, 30 vol. in-8. mar. rouge, dent., tr. dor., figures. (*Chiffre.*)

708 — 90 OEuvres de J.-F. Cooper, traduites par Defauconpret. *Paris, Furne,* 1839-52, 30 vol. in-8, d.-rel. mar. viol., figures.

709 — 91 OEuvres complètes de Sterne et œuvres choisies de Goldsmith, trad. par M. Francisque Michel. *Paris,* 1838, gr. in-8, d.-rel., figures.

710 — 92 Clarisse Harlowe, par J. Janin, précédée d'un Essai sur la vie et les ouvrages de l'auteur de Clarisse Harlowe, Samuel Richardson. *Paris, Amyot,* 1842, 2 vol. in-18, mar. noir. (*Chiffre sur les plats.*)

711 — 93 Tom Jones ou Histoire d'un enfant trouvé, par Fielding. *Paris, Didot,* 1833, 4 vol. in-8, mar. viol., fil., tr. dor., *figures.* (Chiffre.)

712 — 94 Aventures de Robinson Crusoé, par Daniel de Foë,   *20,*
trad. par Mme A. Tastu. *Paris, Didier,* 1837, 2 vol.
in-8, mar. bleu, dent., tr. dor., 50 gravures sur
acier. (*Chiffre.*)

713 — 95 Asiatic Chiefs. By J. Szeredy. *London, Longman,*   *15,*
1855, petit in-8, sur pap. saumon, rel. en satin gris,
avec envoi d'auteur à Mlle Rachel sur la reliure.
(T. 1er.)

714 — 96 Lilly. A novel. By the author of the Busy moments of   *16,*
an idle Woman. *New-York,* 1855, in-8, carton
gauf.
> Envoi autogr. de l'auteur à Mademoiselle Rachel. Char-
> leston, 12 décembre 1855.

715 — 97 Choix de nouvelles russes de Lermoutof Poukine,   *8..50*
Von Wiesen, etc., trad. du russe par Chopin. *Paris,*
1843, in-18, d.-rel. mar. r.

716 — 98 Histoire de Gil Blas de Santillane, par Lesage. *Paris,*   *30,*
1838, gr. in-8, mar. n., fil., gauf., *figures.* (Chiffre
sur les plats.)

717 — 99 Histoire de Gil Blas de Santillane, par Le Sage.   *35,*
Paris, P. Didot l'aîné, 1819, 3 vol. in-8, pap. vél.,
mar. vert, dent., tr. dor. (*Chiffre.*)

718 — 100 Don Quichotte de la Manche, trad. de l'espagnol de   *33,*
Michel Cervantes, par Florian. *Paris,* 1835, 3 vol.
in-8, mar. bleu, fil., tr. dor., *figures.* (*Chiffre.*)

THÉATRE.

719 — 101 Histoire de la littérature dramatique, par J. Janin,   *10.*
Paris, Michel Lévy, 1853, 2 vol. in-18, d.-rel.
maroq. r.

720 — 102 Études sur l'Art théâtral, suivies d'anecdotes inédi-   *7,50*
tes sur Talma, etc., par Mme veuve Talma. *Paris,*
1836, in-8º, d.-rel. Portrait.

721 — 103 De l'Influence des mœurs sur la Comédie, par A. Per-   *6,*
let. *Paris,* 1848, in-8º, d.-rel. maroq. br.

722 — 104 Proverbes dramatiques de Théodore Leclercq. *Paris,*   *21,*
1835, 7 vol. in-8º, d.-rel. v. vert, *figures.*
> Manque le tome VIIe,

723 — 105 Coup d'œil sur les représentations de Mlle Rachel, à Amsterdam, par A. van Lée. *Amsterdam*, 1846, in-8º, v. fau.

> Sur la garde se trouve un dessin de l'auteur, à l'encre de Chine.

724 — 106 Théâtre des Grecs, trad. par le P. Brumoy, 2º édit., complète, augmentée d'un choix de fragments des poëtes grecs, par M. Raoul-Rochette. *Paris*, 1826, 16 vol. in 8º, maroq. viol., fil. tr. dor, *papier vélin, figures et portraits*. (Chiffre).

725 — 107 Théâtre complet des Latins, par J.-B. Levée et l'abbé Le Monnier. *Paris*, 1820, 15 vol. in-8º, maroq. corinthe, fil. tr. d'or, *papier vélin*. (Chiffre).

726 — 108 Répertoire du Théâtre Français ou Recueil des tragédies et comédies restées au théâtre depuis Rotrou, avec des notes sur chaque auteur, et l'examen de chaque pièce, par Petitot. *Paris, Foucault*, 1817, 33 vol. in-8º, maroq n., figures. (Chiffre *R* sur les plats).

727 — 109 Théâtre de P. Corneille, avec les commentaires de Voltaire. *A Paris, de l'imprimerie de P. Didot l'aîné*, 1805, 10 vol. in-4º, gr. pap. vél., d.-rel. maroq. n. (Plats en t. ch. avec chiffre.)

728 — 110 Chefs-d'OEuvre de T. Corneille. *Paris, Debure*, 1825, in-16, bas. portr.

729 — 111 Chefs-d'OEuvre de P. et T. Corneille, revus sur les dernières éditions originales, précédés de l'éloge de P. Corneille, par Victorin Fabre. *Paris*, 1833, 6 vol. in-8º, v. fau. fil. tr. dor. (rel. anglaise.)

> Très-bel exemplaire.

730 — 112 Chefs-d'OEuvre de Pierre et de Thomas Corneille. *Paris, P. Didot*, 1814, 5 vol. in-8º maroq. viol. fil. tr. dor. *pap. vél.* (Chiffre.)

> On a supprimé dans les œuvres de Thomas seulement quelques passages, en y collant des fragments de papier.

731 — 113 OEuvres complètes de J. Racine, avec les notes de tous les commentateurs, publ. par Aimé-Martin. *Paris, Lefèvre*, 1825, 7 vol. in-8º, v. rose, dent.

> Excel. pap. vélin, de la coll. des Classiques français.

732 — 114 OEuvres de Molière, précédées d'une notice sur sa vie et ses ouvrages, par M. Sainte-Beuve, vignettes par Tony Johannot. *Paris, Paulin,* 1835, 2 vol. gr. in-8°, d.-rel. maroq. viol., figures.

733 — 115 OEuvres de Molière, avec des notes de tous les commentateurs. *Paris, Didot,* 1850, 2 vol. in-18, d.-rel.

734 — 116 OEuvres de J.-F. Regnard. *Paris, Didot,* 1819, 4 vol. in-8°, maroq. n. fil. gauf. *pap. vél.* (Chiffre sur les plats.)

735 — 117 OEuvres de Crébillon. *P. Didot l'aîné,* 1828, 2 vol. in-8°, pap. vél., maroq. bleu, dent. tr. d'or. (Chiffre.)

736 — 118 OEuvres de Ducis. *Paris, Lemoine,* 1826, 6 t. en 3 vol. in-32, v. bl. gauf.

737 — 119 OEuvres de Casimir Delavigne, de l'Ac. franç. *Paris, Didier,* 1850, 6 vol. in-8°, pap. vél., d.-rel. maroq. r., figures d'ap. A. Johannot.

738 — 120 OEuvres complètes de M. Eugène Scribe, de l'Ac. franç. *Paris, Furne,* 1840-50, 7 vol. gr. in-8°, d.-rel. maroq. r., fig.

739 — 121 Théâtre complet de F. Ponsard. *Paris, M. Lévy,* 1852, in-18, v. fau. (*Niédrée.*)
Envoi autogr. de l'auteur à Mlle Rachel.

740 — 122 Théâtre d'Émile Augier, in-18, d.-rel. maroq. v. (La Ciguë. — Un homme de bien. — L'Aventurière. — Gabrielle. — Le joueur de flûte.)
Envoi d'auteur autogr. signé à Mlle Rachel.

741 — 123 Sapho, opéra en trois actes, par Émile Augier. *Paris,* 1851, in-18, br.
Envoi autogr. S., trois lignes, à Mlle Rachel.

742 — 124 ALEXANDRE DUMAS. Théâtre. *Paris, Gosselin,* 1843, 3 vol. in-18, anglais, maroq. n., fil. (*Chiffre et envoi d'auteur.*)

743 — 125 Rosemonde, tragédie en un acte, en vers, par Latour-Saint-Ybars. *Paris,* 1855, in-18. maroq. Laval, tr. dor.
Neuf lignes d'envoi autogr. sig. à Mlle R.

20

744 — 126 Macbeth, en cinq actes et en vers, par Emile Des-
champs, in-18, rel. en maroq. v.
  Envoi autogr. sig. de l'auteur, en vers.

19

745 — 127 Charlotte Corday, trag. en cinq actes et en vers, par
F. Ponsard. *Paris*, 1850, gr. in-8°, pap. vél. br. —
Agnès de Méranie, par le même, gr. in 8°, br.
  Envoi d'auteur autogr. sig. à Mlle Rachel.

11

748 — 128 Agamemnou, tragédie d'Alfieri, traduite de l'italien
en vers français, par Mme Joséphine de Roinville,
1856.
  Manuscrit signé Joséphine de Roinville.

6

749 — 129 Le Testament de César, drame en cinq actes, par Jules Lacroix. *Paris*, 1849, gr. in-8°, pap. vél. br.
  Envoi d'auteur autogr. sig. à Mlle Rachel.

80

750 — 130 Valeria, drame en cinq actes, en vers, par Auguste
Maquet et Jules Lacroix. *Paris*, 1851, in-18, maroq.
fau., doublé de moire blanche, rel. par Despierres.
  Charmant exemplaire sur pap. vélin fort.— Exemplaire uni-
  que, offert à Mlle Rachel par les auteurs de Valeria.

37

751 — 131 Les Noces Vénitiennes, drame en cinq actes, par Victor Séjonr. *Paris*, 1855, in-18, maroq. r. dent.,
tr. dor.
  Ex. pap. vélin, avec envoi autogr. sig. de l'auteur, à
  Mlle Rachel.

20

752 — 132 La Bourse, comédie en cinq actes, en vers, par F.
Ponsard. *Paris*, 1856, in-18, d.-rel, maroq. r.
  Envoi d'auteur sig. à Mlle Rachel.

21

753 — 133 L'Honneur et l'Argent, comédie, par F. Ponsard. *Paris, M. Lévy*, 1853, in-18, d.-rel.
  Envoi autogr. sig. à Mlle Rachel.

18

754 — 134 L'Honneur et l'Argent, par Ponsard. *Paris, M. Lévy*,
1853, in-18, v. fau. (*Niédrée.*)

20

755 — 135 Le Bourgeois de Gand. — Le dernier Marquis. —
Catherine II, par Romand (extr. de la France dra-
mat.), gr. in-8°, maroq. v. fil. tr. dor.

9

756 — 136 Edith de Falsen, par Ernest Legouvé. *Paris*, 1852,
in-18, d.-rel. ch. n.
  Envoi autogr. sig.

757 — 137 Chefs-d'OEuvre des théâtres étrangers (allemand, anglais, chinois, danois, espagnol, hollandais, indien,
italien, polonais, portugais, russe, suédois), traduits
par Aignan, Andrieux, de Barante, Guizot, Ch. Nodier, Villemain, etc. *Paris, Ladvocat,*1822, 25 vol.
in-8º, gr. pap. vél., maroq. n. fil. (Chiffre *R* sur
les plats.)

758 — 138 The dramatic Works of William Schakespeare with
remarks on his live and Writings by Thomas Camp-
bell. *London,* 1838, in-8º, maroq. bleu., fil. encad.,
tranche ciselée et dorée, titre gravé et portrait.

759 — 139 OEuvres complètes de Shakespeare, trad. de l'anglais,
par Letourneur, nouv. éd., publ. par F. Guizot.
Paris, Ladvocat, 1821, 13 vol. in-8º, maroq. v.,
dent. tr. dor. *portrait.* (Chiffre).

760 — 140 Galerie des personnages de Shakspeare, reproduits
dans les principales scènes de ses pièces, avec une
analyse succincte de chacune des pièces de Shakspeare, et la reproduction en anglais et en français
des scènes auxquelles se rapportent les quatre-
vingts gravures dont cet ouvrage est orné, par A.
Pichot et Old Nick. *Paris, Baudry,* 1844, gr. in-4º,
maroq. viol., riche dorure.
Envoi de M. J. Janin, autogr. sig., à Mˡˡᵉ Rachel.

761 — 141 The Pictorial édition of the Works of Shakspeare.
Edited By Charles Knight. (*Histories, 2 vol. — Co-
medies, 2 vol. — Tragédies, 1 vol.* (*t. IV.*) *London,*
gr. in-8º, cart. fig. en bois.

762 — 142 Galerie des femmes de Shakspeare. Collection de
45 portraits, gravés par les premiers artistes de
Londres, enrichie de notices critiques et littéraires.
Paris, Delloye, gr. in-8º, d.-rel. v.

763 — 143 OEuvres dramatiques de J.-W. Goëthe, trad. de l'allemand, par Stopfer. *Paris, Al. Mesnier,* 1828, 4
vol. in-8º, maroq. corinthe dent. tr. dor. (Chiffre.)

764 — 144 Goethe's gedichte. *Stuttgart,* 1851, in-18, rel. en
perc. gauf. fig. — Egmond, von Goëthe. *Stuttgardt* 1855, in-18, rel. en perc.

765 — 145 Schiller's Sammtliche Werke in einem Bande.
Stuttgardt, 1834, gr. in-8°, dos et coins de maroq.
v., *portrait*. (Chiffre sur les plats.)
Envoi en italien, signé E. de F.

766 — 146 OEuvres dramatiques de F. Schiller, traduites de
l'allemand. *Paris*, 1821, 6 vol. in-8°, maroq. viol.,
fil. tr. dor., *portrait*. (Chiffre.)

767 — 147 Three to one, a comedy, in two acts. *London, J.
Hearne*, 1850, gr. in-8°, cart.
Envoi d'auteur à Mlle Rachel.

Pièces de théâtre ayant servi à Mlle Rachel pour l'étude de ses rôles.

768 — 148 CINNA, trag. en cinq actes, de Corneille.

769 — 149 LES HORACES, trag. en cinq actes, de Corneille.

770 — 150 ANDROMAQUE, trag. en cinq actes, de Racine.

771 — 151 TANCRÈDE, trag. en cinq actes, de Voltaire.

772 — 152 IPHIGÉNIE EN AULIDE, trag. de Racine.

773 — 153 MITHRIDATE, trag. en cinq actes, de Racine.

774 — 154 BAJAZET, trag. en cinq actes, de Racine

775 — 155 ESTHER, trag. en cinq actes, de Racine.

776 — 156 NICOMÈDE, trag. en cinq actes, de P. Corneille.

777 — 157 MARIE STUART, trag. en cinq actes, de P. Lebrun.

778 — 158 ARIANE, trag. en cinq actes et en vers, de T. Corneille.
Variantes manusc. autogr., de Mlle Rachel.

779 — 159 Le Cid, trag. en cinq actes, de Corneille.
Deux notes autogr. manusc., dont une signée Rachel.

780 — 160 Frédégonde et Brunehaut, trag. en cinq actes, par
N. Lemercier.

781 — 161 Polyeucte, trag. en cinq actes, de Corneille, in-8°.

782 — 162 Phèdre, trag. en cinq actes, de Racine.

783 — 163 Angelo, drame en trois journées, de Victor Hugo,
in-8°.
Nombreuses variantes et annotations, manusc. à l'encre et
au crayon, de Mlle Rachel.

784 — 164 Britannicus, trag. de Racine, in-8°.

785 — 165 Le Misanthrope, de Molière, in-8°.

786 — 166 Athalie, trag. de Racine. *Paris*, 1817, in-8°.

787 — 167 Don Sanche d'Aragon, comédie héroïque, de Corneille, mise en trois actes, par Megalbe. *Paris,*
1833, in-8°. (*Nomb. variantes manusc.*).

788 — 168 Virginie, trag. en cinq actes, par Latour de Saint-
Ybars. *Paris*, 1845, gr. in-8°.
Quelques notes manusc. au crayon, de Mlle Rachel.

789 — 169 Catherine II, trag. en cinq actes, par H. Romand.
Paris, 1844, gr. in-8°.

790 — 170 Le Vieux de la Montagne, trag. en cinq actes, par
Latour de Saint-Ybars. *Paris*, 1847, gr. in-8°.
Envoi d'auteur autogr. sig.

791 — 171 Adrienne Lecouvreur, comédie-drame en cinq actes,
en prose, par MM.-Scribe et Ernest Legouvé, in-8°
cart.
Pièce d'étude de Mlle Rachel, avec deux notes autogr.
de sa main (variantes).

792 — 172 Cléopatre, trag. en cinq actes, en vers, par Mme Émile
de Girardin. — *Paris*, 1847, in-8°, maroq. n., tr.
dor. (*Exempl. d'étude.*)
Envoi autogr. de l'auteur à Mlle Rachel.

---

793 — 173 TRAGÉDIES JOUÉES PAR Mlle RACHEL, PIÈCES D'ÉTUDE, REL.
EN TOILE AVEC NOM SUR LE PLAT. — Andromaque. —
Bajazet. — Polyeucte. — Phèdre. — Les Horaces.

PIÈCES D'ÉTUDE A L'USAGE DE TALMA

794 — 174 Misanthropie et Repentir, drame en cinq actes et en
prose, du théâtre allemand de Kotbzuë, trad. par
Bursay. *Paris*, an VII, in-8°, cart.
De nombreux changements de scènes et variantes autogr.
manusc. de Talma.

105. 795 175 Adélaïde Du Guesclin, trag. en cinq actes, en vers, de Voltaire. *Paris*, 1806, in 8º, cart.

> Exemplaire d'étude de Talma. — Le dernier feuillet est manuscrit, avec trois vers autogr. du célèbre tragédien.

90. 796 — 176 OEdipe, trag. rétablie en trois actes, de Voltaire, publiée avec une préface, par M. ***, in-8º, br.

> La préface est manuscrite, tous les feuillets formés de deux exemp. sont remontés sur papier, avec variantes manusc. autogr. de Talma.

100. 797 — 177 Gabrielle de Vergy, trag. en cinq actes et en vers, par de Belloy. *Paris*, 1813, in-8º, cart.

> Exempl. de Talma, avec vingt et une lignes, et quelques variantes manusc. autogr.

———

60. 798 — 178 Album de trente-six sujets gravés, des principales scènes de la comédie française (costumes Louis XV), color. d.-rel. maroq.

70. 799 — 179 Costume de dame de la cour (1540), à l'aquarelle, par Pichat.

34. 800 — 180 Costumes de théâtre, à l'aquarelle, par A. Geniol (3).

33. 801 — 181 Geschichte der oper und des Koeniglichen opernhauses in Berlin von L. Schneider. *Berlin*, 1852, in-fol., rel. en perc. gauf.; costumes color. et pl. noires.

42. 802 — 182 Album russe, contenant deux scènes dramatiques tirées des œuvres du célèbre poëte Pouchkin. In-4º, rel. en maroq.

> Ce recueil, offert à Mlle Rachel, lors de son séjour en Russie, est précédé d'un portrait photogr. de Chtchepkin, célèbre acteur moscovite. — Une pièce de vers à Mlle Rachel (manuscrite). — Deux vues de Mocou représentant le palais de l'Empereur au Kremlin (photogr.).— Scènes dramatiques de Pouchkin, manusc. (en russe), avec les deux principales scènes, à l'aquarelle, par Sokolof.

ÉPISTOLAIRES.

800 — 183 Lettres inédites de Marie-Stuart, accompagnées de diverses dépêches et instructions (1558-1587), publiées par le prince Alexandre Labanoff. *Paris, 1839, gr. in-8, maroq. n.*
> Envoi d'auteur autogr. sig.

801 — 184 Lettres de Madame de Sévigné, de sa famille et de ses amis, avec portraits, vues et *fac simile. Paris, Blaise, 1820, 10 vol. (Manque tome Ier.)* — Mémoires de M. de Coulanges, publ. par M. de Montmerqué, 1 vol., figures et *fac simile.* Ensemble 10 vol. au lieu de 11, maroq. corinthe, dent., tr. dor. *(Chiffre.)*

802 — 185 Lettres persanes, par Montesquieu, suivies de ses Œuvres diverses. *De l'impr. de P. Didot l'aîné,* 1820, 3 vol. in-8. maroq. bleu, dent., tr. dor., pap. vél. *(Chiffre.)*

803 — 186 Lettre de la marquise de M***, au comte de R***, par de Crébillon fils. *A La Haye,* 1828, in-12, v. br.
> Exemplaire de Mademoiselle Clairon.

POLYGRAPHE.

804 — 187 Œuvres complètes de Montesquieu, avec des Notes de Dupin, Crévier, Voltaire, etc. *Paris, Didot,* 1838, gr. in-8, d.-rel., maroq. vert. *(Portrait.)*

805 — 188 Voltaire. Œuvres diverses. *Paris, impr. de P. Didot l'aîné,* 1820, 19 vol. in-8, maroq. rouge, dent. *(Chiffre.)*
> Théâtre. — Poésie. — Siècle de Louis XIV. — La Henriade. — Charles XII.

806 — 189 Œuvres complètes de Buffon, avec les descriptions anatomiques de Daubenton. *Paris, Verdière,* 1824, 41 vol. — Œuvres de Lacépède. *Paris,* 1826. 11 vol. Ensemble 52 vol. in-8, d.-rel., maroq, viol., fig. col.

807 — 190 Œuvres complètes de J.-J. Rousseau, avec des éclaircissements et des notes historiques par P.-R. Auguis. *Paris, Dalibon,* 1825, 27 vol. in-8, d.-rel., maroq. v.

808 — 191 Œuvres complètes de J.-H. Bernardin de Saint-Pierre, publ. par L. Aimé-Martin. *Paris,* 1830, 12 vol. in-8, d.-rel., maroq. bleu.

809 — 192 Châteaubriand. Génie du Christianisme, 3 vol. — Littérature anglaise, 2 vol. — Les Martyrs, 2 vol. — Le Paradis perdu, 2 vol. — Itinéraire de Paris à Jérusalem, 2 vol. — Atala. — Réné. — Le dernier Abencérage. — Poésie, 1 vol. Ensemble 12 vol. in-8, maroq. bleu, dent., tr. dor. (*Chiffre.*)

810 — 193 Œuvres complètes d'Élisa Mercœur, de Nantes. *Paris,* 1843, 3 vol. in-8, d.-rel., maroq. vert, portrait, *fac simile.*

811 — 194 Œuvres de M. A. de Lamartine. *Paris, Furne,* 1836-50, 26 vol. in-8, maroq. n. (*Chiffre sur les plats.*)

Méditations poétiques. — Harmonies poétiques et religieuses. — Voyage en Orient. — Jocelyn. — La Chute d'un ange. — Recueillements poétiques. — Les Girondins. — Révolution de 1848. — Les Confidences. — Raphaël. — Toussaint-Louverture.
Envoi de l'auteur à Mademoiselle Rachel, autogr. sig.

812 — 195 Œuvres complètes de Lamartine. *Paris, Ch. Gosselin et Furne,* 1836, 4 vol. gr. in-8, maroq. violet, tr. dor.

Superbe exemplaire revêtu d'une riche reliure anglaise en maroq. à larges dentelles, plusieurs suites de figures anglaises et françaises ajoutées. (*Chiffre sur les plats.*)

813 — 196 Œuvres littéraires de M. Ch. Liadières. (Théâtre. — Poésies. — Études historiques.) *Paris,* 1851, in-18, d.-rel., maroq. rouge.

Envoi d'auteur, aut. sig. à Mlle Rachel.

814 — 197 Œuvres d'Alfred de Vigny. *Paris,* 1837, 7 vol. in-8, d.-rel., v. rose.

Cinq-Mars. — Servitudes et grandeur militaire. — Théâtre en vers. — Théâtre. — Stello. — Poëmes.

815 — 198 OEuvres de Victor Hugo, de l'Académie française. *300*
        Paris, Furne, 1841-46, 16 vol. in-8, pap. vél.,
        maroq. n., fig. (*Chiffre sur les plats.*)
        Envoi autogr. à Mademoiselle Rachel.

816 — 199 OEuvres complètes de N. Machiavelli, avec une No- *11.*
        tice biographique par J.-A. Buchon. *Paris*, 1842,
        2 vol. gr. in-8, d.-rel., maroq. bleu.

HISTOIRE.

HISTOIRE ANCIENNE ET MODERNE.

817 — 200 Discours sur l'Histoire universelle, par J.-B. Bossuet, *61,*
        précédé d'une Notice littéraire, par Tissot. *Paris,
        Curmer*, 2 vol. gr. in-8, maroq., noir, tr. dor.,
        texte à encadrements, figures. (*Chiffre R. sur les
        plats.*)

818 — 201 Discours sur l'Histoire universelle, par Bossuet. *Pa- 21,*
        ris, Didot l'aîné*, 1814, 2 vol. in-8, pap. vél., ma-
        roq. vert, dent., tr. dor. (*Chiffre.*)

819 — 202 OEuvres de Salluste, traduct. nouvelle par Ch. du *16,*
        Rozoir. *Paris, Panckoucke*, 1835, 2 vol. in-8, ma-
        roq. n. (*Andrieux.*) *Chiffre sur les plats.*

820 — 203 OEuvres de Tacite, traduites par C.-L.-F. Pan- *50,*
        ckoucke. *Paris, Panckoucke*, 1837, 7 vol. in-8,
        maroq. n. (*Andrieux*). *Chiffre sur les plats.*

821 — 204 Histoire romaine de Tite-Live, trad. nouv. par Liez, *63,*
        Dubois, Verger. *Paris, Panckoucke*, 1830, 17 vol.
        in-8, maroq. n. (*Andrieux.*) *Chiffre sur les plats.*

822 — 205 Rome au siècle d'Auguste, ou Voyage d'un Gaulois à *55,*
        Rome, à l'époque du règne d'Auguste et pendant
        une partie du règne de Tibère. etc., par Dezobry.
        Paris, 1846, 4 vol. in-8, mar. n., fil. gauf., *figures
        et cartes.* (*Chiffre.*)

823 — 206 Histoire générale de la civilisation en Europe, depuis *23*
        la chute de l'empire romain jusqu'à la Révolution
        française, par M. Guizot. *Paris*, 1842, 5 vol. in-8,
        d.-rel., maroq. n. *Portrait.*

824 — 207 Histoire de France depuis les temps les plus reculés jusqu'en 1789, par Henri Martin. *Paris,* 1838, 19 vol. in-8, maroq. noir, fil. (*Chiffre sur les plats.*)

825 — 208 Histoire de France, par M. Michelet. *Paris,* 1833, 6 vol. in-8, d.-rel., maroq. v.

826 — 209 Histoire des Français depuis les Gaulois jusqu'en 1830, par Théophile Lavallée. *Paris, Hetzel,* 1845, 2 vol. grand in-8, rel. en perc., gauff., tr. dor., figures.

827 — 210 Nouvelle collection de Mémoires pour servir à l'Histoire de France, depuis le XIIIe siècle jusqu'à la fin du XVIII, par Michaud et Poujoulat. *Paris,* 1836, 32 vol. gr. in-8, d.-rel., maroq. v.

828 — 211 Les Historiettes de Tallemant des Réaux (Mémoires pour servir à l'Histoire du XVIIe siècle), publ. par M. de Monmerqué. *Paris, Delloye,* 1840, 10 t. en 5 vol. in-18, d.-rel., maroq. bl., portr.

829 — 212 Mémoires complets et authentiques du duc de Saint-Simon sur le siècle de Louis XIV et la régence, publ. par le marquis de Saint-Simon. *Paris, Delloye,* 1841, 40 t. en 20 vol. in-18, d.-rel., maroq. n., portr.

830 — 213 Souvenirs de la marquise de Créquy, de 1710 à 1803. *Paris, Delloye,* 1842, 10 t. en 5 vol. in-18, d.-rel., maroq. v., portr.

831 — 214 Histoire de la Révolution française, par M. A. Thiers. *Paris, Furne,* 1842, 10 vol. in-8, maroq. n., fil. gauf., *figures.* (Chiffre sur les plats.)

832 — 215 Mémoires de Madame la duchesse d'Abrantès, ou Souvenirs historiques sur Napoléon, la Révolution, etc. *Paris,* 1835, 12 vol. in-8, d.-rel., maroq. gren.

833 — 216 Histoire de dix ans, 1830-1840, par Louis Blanc. *Paris,* 1844, 5 vol. in-8, d.-rel., maroq. bleu.

834 — 217 Histoire de la Révolution de Février jusque et y compris le siége de Rome, par Jules Lecomte. *Paris*, 1850. gr. in-8, maroq. rose, fil. encadr., tr. dor., *figures noires et coloriées*. (Armes sur le plat.)

> Envoi d'auteur à Mlle Rachel.

835 — 218 OEuvres de Vitet. *Paris*, 1827-29. 4 vol. in-8, d.-rel., maroq. bleu.

> Les Barricades. — Les États de Blois. — Les États d'Orléans. — La Mort de Henri III.

836 — 219 Histoire des ducs de Bourgogne de la maison de Valois (1364-1477), par **M.** de Barante. *Paris, Delloye*, 1839, 13 vol in-8, maroq. noir, dont un de figures sur chine. (*Chiffre sur les plats.*)

837 — 220 La Bretagne, par **M. J.** Janin. *Paris*, gr. in-8, maroq. n., fil. gauf., *portraits, figures, costumes et armoiries coloriés*. (Chiffre sur les plats.)

838 — 221 Bretagne et Vendée, histoire de la Révolution française dans l'ouest (complément de la Bretagne ancienne et moderne), par Pitre-Chevalier. *Paris*, gr. in-8, d.-rel., maroq. viol., tr. dor., *figures et armoiries coloriées*.

839 — 222 Histoire des Républiques italiennes du moyen âge, par Sismonde de Sismondi. *Paris, Furne*, 1840, 10 vol. in-8, d.-rel., maroq. gren., fig.

840 — 223 Itinéraire de Rome et de ses environs, rédigé par feu A. Ribby, d'après Vasi. *Rome*, 1847, in-8, cart., figures.

> Exemplaire de M. de Custine. — Sur la garde, notes manusc. de Mlle Rachel. au crayon. Rome, 12 nov. 1851.

841 — 224 Histoire d'Angleterre, par David Hume, continuée jusqu'à nos jours, par Smolett, Adolphus et Aikin, trad. nouv. par Campenon. *Paris, Furne*, 1839, 13 vol. in-8, d.-rel., maroq. viol., figures de T. Johannot.

842 — 225 Histoire de la conquête de l'Angleterre par les Nor-
mands. Lettres sur l'Histoire de France pour servir
d'introduction à l'étude de cette histoire, par Au-
gustin Thierry. *Paris, Tessier,* 1838, 7 vol. in-8 et
atlas in-4, maroq. n., fil., *figures sur papier de
Chine.* (Chiffre sur les plats.)

843 — 226 La Grande-Bretagne en 1833, par M. le baron d'Haus-
sey; *Paris,* 1834, 2 vol. in-8., maroq. n. Portrait.
(*Chiffre sur les plats*).

844 — 227 L'Irlande et le pays de Galles, esquisses de voyages,
d'économie politique, etc., par A. Pichot. *Paris,*
1850, 2 vol. in-8, dem. rel. mar., Lavallière,
Portrait.

845 — 228 Egypte ancienne, par M. Champollion-Figeac. *Paris,
Didot,* 1840, in-8, dem. rel., figures.

846 — 229 Egypte moderne, depuis la conquête des Arabes jusqu'à
la domination française, par J.-J. Marcel. *Paris,
Didot,* 1848, in-8 br., fig.

847 — 230 A Popular account of the ancient Egyptians. By sir J.
Gardner Wilkinson. *London. J. Murray,* 1854,
2 vol. in-8, cart. en percal. nombr. figures gravées
en bois.

848 — 231 The nile Boat; or climpses of the Land of Egypt; by
W. H. Bartlett, *London,* 1852, gr. in-8, cart. en
percal. gauff., pap. vél., nombr. figures finement
gravées et cartes.

849 — 232 GUERRE D'ORIENT. — Campagnes d'Egypte et de Syrie
(1798-1799). — Mémoires pour servir à l'Histoire
de Napoléon, dictés par lui-même à Sainte-Hélène,
et publiés par le général Bertrand. *Paris,* 1847,
2 vol. in-8. et atlas in-fol. maroq. bl. du levant, à
encad., tr. dor. *(Chiffres et couronne sur les plats).*

Sur la garde un envoi autogr. signé Arthur Bertrand, de
12 lig. 15 mai 1847.

850 — 233 Russia on the Black sea and sea of Azof : being a
narrative of travels in the Crimea and bordering,
Provinces; By H. D. Seymour, *London, J. Murray*, 1855, in-8, cuir de Russ. dent. tr. dor., fig.
et cartes.

Très-bel exempl. Envoi autogr. de l'auteur à Mlle Rachel

16.

851 — 234 La Russie en 1839, par le marquis de Custine. *Paris,
Amyot,* 1843, 4 vol. in-8., maroq. n. *(Chiffre sur les
plats).*

24.

852 — 235 Russie, par Chopin. *Paris, F. Didot,* 1840, 2 vol.
in-8, d. rel. maroq. r, nomb. figures.

13.

853 — 236 Histoire de l'Empire de Russie, par Karamsin, trad.
par MM. Saint-Thomas et Jauffret. *Paris,* 1819,
11 vol. in-8, d. rel., cartes.

60.

854 — 237 Voyage pittoresque en Russie, par Ch. de Saint-Julien,
suivi d'un Voyage en Sibérie, par Bourdier. *Paris,*
1854, gr. in-8 cart. toile, tr. dor., plaque en or,
figures.

23,

855 — 238 La Russie en 1830, par Adolphe Zando, trad. de
l'allemand par l'auteur. *Paris, Bossange,* 1853,
in-18, rel. en velours gren., doubl. de moire bl.

Envoi autogr. signé de l'auteur à Mademoiselle R.

17.

856 — 239 Précis des notions historiques sur la formation du
corps des lois Russes, trad. du russe. *Saint-Pétersbourg,* 1833, in-8, d.-rel.. maroq. rou.

5 , 50

857 — 240 La Pologne historique, littéraire, monumentale
et illustrée, par Léonard Chodzko. *Paris,* 1843,
gr. in-8. d.-rel. maroq., tr. dor., fig., portraits, cartes.

40.

858 — 241 La Hongrie ancienne et moderne, histoire, art, littérature, monuments, par une société de littérateurs,
sous la direction de J. Baldenyi. *Paris,* 1851, gr.
in-8, dem.-rel. maroq bleu, fil., tr. dor., *figures.*

13,

859 — 252 Voyage du jeune Anarcharsis en Grèce , par l'abbé
Barthélemy. *Paris, E. Ledoux,* 1822, 7 vol. in-8.
maroq. gr. dent., tr. dor., figures. *(Chiffre).*

40

860 — 248 D'Athènes à Baalbek (1844), par Charles Reynaud. *Paris, Furne*, 1846, pet. in-8 maroq. r., tr. dor. (*Chiffre de Mademoiselle Rachel sur les plats*).
Envoi autogr. en vers à Mademoiselle Rachel.

861 — 244 Le Léman, ou Voyage pittoresque, historique et littéraire à Genève et dans le canton de Vaud, par Bailly de Lalonde. *Paris*, 1842, 2 vol. in-8, d.-rel., v. rose.

862 — 245 Album pintoresco de la Isla de Cuba. B. May y C^a in-4. obl. cart. en perc.

863 — 246 Album impérial d'Haïti, in-fol. obl. cart. en perc.
Envoi autogr. sig. à Mademoiselle R.

864 — 247 Une année dans le Levant (Sicile, Grèce, Turquie), par le vicomte Al. de Valon. *Paris*, 1850, in-8 br.

865 — 248 Chroniques Siennoises, traduites et précédées d'une introduction accomp. de notes par M. le duc de Dino. *Paris, L. Curmer*, 1846, gr. in-8 maroq. n. tr. dor., figures et *fac simile*.
Très-bel exemplaire auquel on a joint le dessin original du frontispice, par Liverati, ainsi que plusieurs portraits anciens gravés, François Ier, Henri II, Catherine de Médicis, Blaise de Montluc.

866 — 249 Atlas géographique et physique du royaume de la nouvelle Espagne, par Al. de Humboldt. *Paris*, 1812, in-fol. d.-rel.

BIOGRAPHIE.

867 — 250 Biographie universelle, ancienne et moderne. *Paris, Michaud*, 1811-49, 82 vol. in-8, maroq. n. *(rel. par Andrieux, chiffre sur les plats)*.

868 — 251 Les Vies des hommes illustres de Plutarque, trad. du grec par Amyot. *Paris, Janet et Cotelle*, 1818, 13 vol. in-8, maroq. bleu, dent. tr. dor. (*Chiffre*).

869 — 252 Les Français peints par eux-mêmes, 5 vol. — Province, 2 vol. — Prisme, 1 vol. Eus, 8 vol. *Paris, L. Curmer*, 1840, maroq. gren. large dent., tr. dor., figures coloriées.
Le tome V est avec figures noires ; la reliure non terminée.

870 — 253 Critiques et portraits littéraires, par C.-A. Sainte-
Beuve. *Paris, E. Renduel,* 5 vol. in-8, d.-rel. maroq. vert.

871 — 254 Portraits littéraires, par Gustave Planche. *Paris,*
1836, 2 vol. in-8, d -rem. mar. r.

872 — 255 Madame de Chevreuse, par Victor Cousin. *Paris,*
1856, in-8. br. Portrait.

873 — 256 Mes Loisirs en Italie; Etudes sur trois femmes célèbres
du XVIe siècle, par Madame Albéric de Lamaze.
Florence et Paris, 1848.

> Superbe exempl. relié par Nicolci, en maroq. bl, à mo-
> saïque, doublé de maroq. rose, dent., gardes en moire. Envoi
> *A Rachel,* sur le plat.

874 — 257 Voltaire et Rousseau, par lord Brougham. *Paris,*
Amyot, 1845, in-8, v. fauv., fil., tr. dor. *(Jolie rel.*
anglaise). Portrait.

875 — 258 Histoire de Philippe-Auguste, par **M.** Capefigue. *Paris,*
1842, 2 vol. in-18, maroq. n. *(Chiffre sur les plats.)*

876 — 259 Histoire d'Alexandre-le-Grand, par Quinte-Curce,
trad. nouvelle, par Aug. et Alph. Trognon. *Paris,*
Panckouche, 1834, 3 vol. in-8, maroq. n. *(An-*
drieux). Chiffre R. sur les plats.

877 — 260 Oraisons funèbres de Bossuet, évêque de Meaux.
Paris, P. Didot, 1814, in-8, mar. noir, fil. gauf.
papier vélin. (Chiffre sur les plats).

878 — 261 Histoire de Charles XII, roi de Suède, par Voltaire.
Paris, Dufour, 1827, maroq. v., tr. dor. *(de la coll.*
des classiques en miniature).

DICTIONNAIRES.

879 — 262 Dictionnaire de la conversation et de la lecture.
Paris, Belin-Mandar, 1832-38, 52 vol. gr. in-8,
d.-rel. maroq. n.

880 — 263 Dictionnaire universel d'Histoire et de Géographie,
par Bouillet (8e éd.). *Paris, Hachette,* 1851, **gr.**
in-8, d.-rel.

881 — 264 Dictionnaire universel de géographie physique, historique, politique, etc., par Mac-Carthy. *Paris,*
1844, 2 vol. in-8. d.-rel. maroq. bleu. *Carte.*

882 — 265 Abrégé de Géographie, rédigé sur un nouveau plan,
par A. Balbi. *Paris,* 1847, in-8, d.-rel. maroq.
bleu. *Cartes.*

883 — 266 Dictionnaire universel d'Histoire naturelle publié sous
la direction de M. Ch. d'Orbigny. *Paris,* 1847,
13 vol. gr. in-8, de texte et 3 vol. d'atlas *(figures
coloriées),* d.-rel. maroq. n.

884 — 67 Dictionnaire classique de l'antiquité sacrée et profane,
par N. Bouillet. *Paris,* 1828, 2. vol. in-8 rel.

885 — 268 Dictionnaire de l'Académie Française (6ᵉ édition).
Paris, Didot, 3 vol. in-4, d.-rel. maroq

886 — 269 Dictionnaire universel de la langue française, avec
le latin et l'étimologie, par Boiste, 12ᵉ éd. revue,
par Ch. Nodier et Louis Barré. *Paris, Didot,* 1847,
2 vol. in-4, d.-rel. maroq. bl.

887 — 270 Dictionnaire anglais-français et français-anglais, par
Boyer, Chambaud, etc., nouv. édition. *Paris,* 1829,
2 vol. in-4, d.-rel. v. viol.

888 — 271 Dictionnaire des langues française et allemande,
par Henschel. *Paris,* 1842, 2 vol. in-8, v. rac.

889 — 272 Nouveau Dictionnaire de poche français-allemand et
allemand-français, par A. Thibaut. *Paris,* 1838,
in-8, v. rac.

OUVRAGES A GRAVURES.

HISTOIRE DE L'ART. — ALBUMS, ETC.

890 — 273 Histoire des Peintres de toutes les écoles, depuis la
renaissance jusqu'à nos jours, par Charles Blanc.
Paris, Renouard, 209 livraisons, gr. in-4, nombreuses pl. et fig. gravées.

891 — 274 Histoire de la Peinture flamande et hollandaise, par
Arsène Houssaye. *Paris, Hetzel,* 1847, in-fol. d.-
rel. maroq. rou. n. rog. 100 magnifiques planches
gravées sur chine.

892 —· 275 Le Moyen-Age et la Renaissance, histoire et description des mœurs et usages, du commerce et de l'industrie, des sciences, des arts, des littératures et des beaux-arts en Europe, publié par Paul Lacroix et Ferdinand Seré. *Paris*, 1848, 5 vol. in-4, d.-rel. maroq. vert, du Levant, dos et coins, doré en t. n. rog., nombreuses figures gravées et en couleurs.

893 — 276 Galerie Aguado, choix des principaux tableaux de la galerie de M le marquis de Las Marismas del Guadalquivir, par Gavard. *Paris*, 1839, 7 livr. gr. in-fol., très-belle planches gravées.

894 — 277 Psyché. Texte français et russe. *Saint-Pétersbourg*, 1830, gr. in-fol. rel., 62 pl. gravées au burin par le comte Tolstoy.

895 — 278 Marines dessinées au lavis, par Th Gudin, 7 p. in-fol. épr. s. chine, av. la lettre.

896 — 279 Vues maritimes et pittoresques dessinées sur pierre par Th. Gudin. 11 pl. in-fol. av. la lettre.

897 — 280 Costumes russes, en partie au xviiᵉ siècle. imprimés en couleur, 9 feuilles in-fol.

898 — 281 Costumes russes à différentes époques, 14 feuilles à l'aquarelle, in-fol.

899 — 282 Sujets chinois (six), peints sur des feuilles de lilas de Chine, gommées *(fleurs et personnages).*

900 — 283 Album de 12 jolis dessins chinois, sur papier de riz mandarins, artisans, fleurs. fruits, oiseaux, papillons.

    Ces dessins, de la plus grande finesse, sont montés sur onglets dans un portefeuille en crêpe de Chine.

901 — 284 Deux charmants dessins chinois sur papier de riz, sujets d'intérieur avec personnages.

902 — 285 Album, par Gavarni. (Les Débardeurs), pet. in-fol. d.-rel.

903 — 286 Rural Essays; by A. J. Downing. *New-York*, *Putnam*, 1853, in-8. cart. en parc., gauff., portr. et figures.

904 — 287 De l'Equitation et des Haras, par le comte Savary de Lancosme-Brèves ; dessins par Giraud, gravés par Gagnon. *Paris*, Ledoyen. 1843, in-4, d. rel.

---

905 — 288 VIRGILII opera. *Parisiis, execud. Didot, natu major,* 1798, gr. in-fol. pap. vélin, figures d'après Gérard et Girodet. (*Tiré à 250 exemplaires, nº 148.*)

HORATII opera. *Execud. Petr. Didot, natu major,* 1799. (Tiré à 250 exempl., nº 33.)

DAPHNIS ET CHLOË (texte grec), figures d'après Prud'hon et Gérard. (Tiré à 27 exempl., nº 6.)

RACINE (OEuvres de). *Paris, de l'imp. de P. Didot l'aîné,* 1801, 3 vol., figures d'après Taunai, Girodet, Chaudet, etc. (Tiré à 250 exempl., nº 90.)

LA FONTAINE. Fables, *Paris, P. Didot l'aîné,* 1802, 2 vol., vignettes de Percier. (Tiré à 250 exempl., nº 80.)

BOILEAU (OEuvres de). *Paris, Didot l'aîné,* 2 vol., 9 vignettes. (Tiré à 125 exempl., nº 19.)

VOLTAIRE (la Henriade). *Paris, Didot.* (Tiré à 125 exempl., nº 20).

Cette magnifique collection, grand in-fol., papier vélin, est en reliure uniforme, d.-rel. maroq. bl. Vrai chef-d'œuvre typographique.